CÁLCULO

7

MULTIPLICACIONES POR UNA CIFRA I

ANAYA

$\begin{array}{r} 3 \\ \times\ 2 \\ \hline \end{array}$

$\begin{array}{r} 5 \\ \times\ 3 \\ \hline \end{array}$	$\begin{array}{r} 9 \\ \times\ 4 \\ \hline \end{array}$	$\begin{array}{r} 3 \\ \times\ 5 \\ \hline \end{array}$	$\begin{array}{r} 6 \\ \times\ 2 \\ \hline \end{array}$	$\begin{array}{r} 1 \\ \times\ 2 \\ \hline \end{array}$
$\begin{array}{r} 8 \\ \times\ 8 \\ \hline \end{array}$	$\begin{array}{r} 4 \\ \times\ 3 \\ \hline \end{array}$	$\begin{array}{r} 7 \\ \times\ 1 \\ \hline \end{array}$	$\begin{array}{r} 2 \\ \times\ 6 \\ \hline \end{array}$	$\begin{array}{r} 6 \\ \times\ 3 \\ \hline \end{array}$
$\begin{array}{r} 4 \\ \times\ 4 \\ \hline \end{array}$	$\begin{array}{r} 5 \\ \times\ 2 \\ \hline \end{array}$	$\begin{array}{r} 8 \\ \times\ 2 \\ \hline \end{array}$	$\begin{array}{r} 3 \\ \times\ 4 \\ \hline \end{array}$	$\begin{array}{r} 2 \\ \times\ 5 \\ \hline \end{array}$
$\begin{array}{r} 1 \\ \times\ 9 \\ \hline \end{array}$	$\begin{array}{r} 9 \\ \times\ 2 \\ \hline \end{array}$	$\begin{array}{r} 7 \\ \times\ 7 \\ \hline \end{array}$	$\begin{array}{r} 6 \\ \times\ 8 \\ \hline \end{array}$	$\begin{array}{r} 1 \\ \times\ 6 \\ \hline \end{array}$

$544 + 4 =$ ……… $3 \times 1 =$ …..

$95 - 90 =$ ….. $5 + 40 =$ …….

$$\begin{array}{r} 7 \\ 7 \\ +\ 7 \\ \hline \end{array} \qquad \begin{array}{r} 7 \\ \times\ 3 \\ \hline \end{array}$$

8	4	2	6	6
× 1	× 2	× 3	× 1	× 5
1	2	5	2	4
× 4	× 2	× 1	× 4	× 7
5	1	4	2	4
× 4	× 5	× 5	× 7	× 6
7	3	3	8	5
× 2	× 2	× 3	× 6	× 9

12 + 32 + 0 = …….

43 – 32 = …….

432 – 2 = ………

4 × 1 = …..

$\begin{array}{r} 23 \\ \times 1 \\ \hline \end{array}$ $\begin{array}{r} 45 \\ \times 1 \\ \hline \end{array}$ $\begin{array}{r} 87 \\ \times 1 \\ \hline \end{array}$

$\begin{array}{r} 12 \\ \times 2 \\ \hline \end{array}$ $\begin{array}{r} 24 \\ \times 2 \\ \hline \end{array}$ $\begin{array}{r} 43 \\ \times 2 \\ \hline \end{array}$

$\begin{array}{r} 13 \\ \times 3 \\ \hline \end{array}$ $\begin{array}{r} 23 \\ \times 3 \\ \hline \end{array}$ $\begin{array}{r} 31 \\ \times 3 \\ \hline \end{array}$

$\begin{array}{r} 768 \\ \times 1 \\ \hline \end{array}$ $\begin{array}{r} 434 \\ \times 2 \\ \hline \end{array}$ $\begin{array}{r} 22 \\ \times 3 \\ \hline \end{array}$ $\begin{array}{r} 132 \\ \times 3 \\ \hline \end{array}$ $\begin{array}{r} 111 \\ \times 9 \\ \hline \end{array}$

$\begin{array}{r} 923 \\ \times 1 \\ \hline \end{array}$ $\begin{array}{r} 132 \\ \times 2 \\ \hline \end{array}$ $\begin{array}{r} 33 \\ \times 3 \\ \hline \end{array}$ $\begin{array}{r} 122 \\ \times 3 \\ \hline \end{array}$ $\begin{array}{r} 121 \\ \times 4 \\ \hline \end{array}$

$\begin{array}{r} 222 \\ \times 4 \\ \hline \end{array}$ $\begin{array}{r} 432 \\ \times 2 \\ \hline \end{array}$ $\begin{array}{r} 53 \\ \times 1 \\ \hline \end{array}$ $\begin{array}{r} 869 \\ \times 1 \\ \hline \end{array}$ $\begin{array}{r} 442 \\ \times 2 \\ \hline \end{array}$

$23 - 3 =$ ....

$5 \times 1 =$ .....

$12 \times 3 =$ ....

$725 + 25 =$ ....

11	23	44
× 3	× 2	× 2

68	72	95
× 1	× 1	× 1

32	32	33
× 2	× 3	× 3

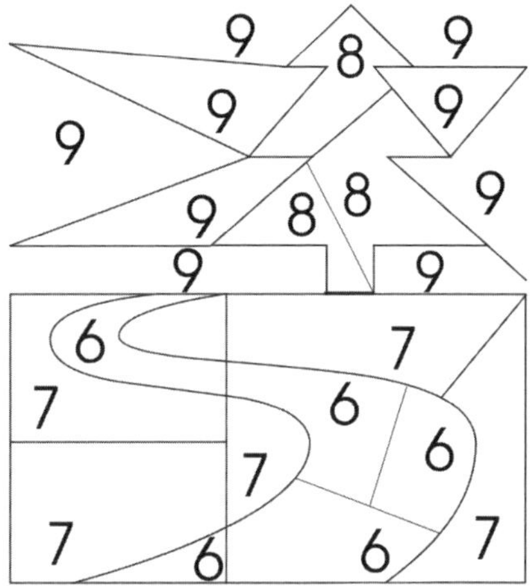

6 → amarillo 7 → marrón
8 → verde 9 → azul

657	676	21	212	342
× 1	× 1	× 4	× 2	× 2

111	524	11	427	558
× 8	× 1	× 9	× 1	× 1

133	311	34	112	351
× 3	× 2	× 2	× 4	× 1

3 × 3 = ...

659 − 57 = ...

412 × 1 = ...

30 − 2 = ...

6 Numera.

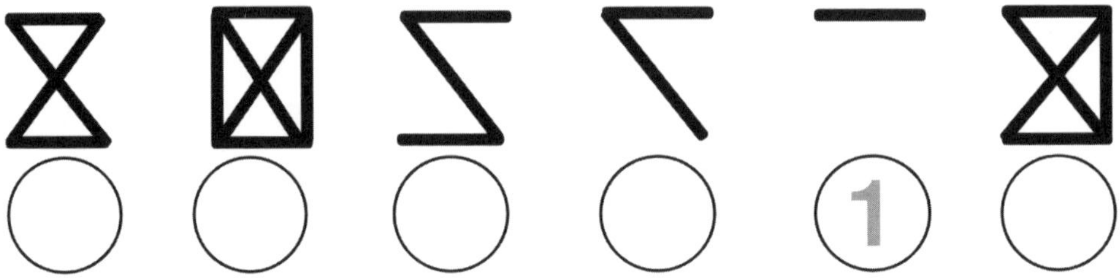

30 × 2	321 × 2	231 × 3	841 × 1	111 × 4
40 × 2	511 × 1	220 × 3	200 × 2	102 × 4
20 × 3	650 × 1	221 × 3	330 × 3	122 × 4
20 × 4	424 × 2	101 × 4	301 × 3	443 × 2

965 + 8 + 1 = ...   325 − 14 = ...

31 × 2 = ...   2 + 3 = ...

$3 \times 2 = \ldots\ldots$

$$\begin{array}{r} 2 \\ \times 3 \\ \hline \end{array}$$

$\begin{array}{r} 41 \\ \times 2 \\ \hline \end{array}$	$\begin{array}{r} 101 \\ \times 9 \\ \hline \end{array}$	$\begin{array}{r} 343 \\ \times 2 \\ \hline \end{array}$	$\begin{array}{r} 500 \\ \times 1 \\ \hline \end{array}$	$\begin{array}{r} 402 \\ \times 1 \\ \hline \end{array}$
$\begin{array}{r} 90 \\ \times 1 \\ \hline \end{array}$	$\begin{array}{r} 220 \\ \times 4 \\ \hline \end{array}$	$\begin{array}{r} 666 \\ \times 1 \\ \hline \end{array}$	$\begin{array}{r} 123 \\ \times 3 \\ \hline \end{array}$	$\begin{array}{r} 333 \\ \times 2 \\ \hline \end{array}$
$\begin{array}{r} 22 \\ \times 4 \\ \hline \end{array}$	$\begin{array}{r} 221 \\ \times 4 \\ \hline \end{array}$	$\begin{array}{r} 909 \\ \times 1 \\ \hline \end{array}$	$\begin{array}{r} 444 \\ \times 2 \\ \hline \end{array}$	$\begin{array}{r} 322 \\ \times 3 \\ \hline \end{array}$
$\begin{array}{r} 49 \\ \times 1 \\ \hline \end{array}$	$\begin{array}{r} 300 \\ \times 3 \\ \hline \end{array}$	$\begin{array}{r} 999 \\ \times 1 \\ \hline \end{array}$	$\begin{array}{r} 208 \\ \times 1 \\ \hline \end{array}$	$\begin{array}{r} 100 \\ \times 4 \\ \hline \end{array}$

$2 \times 4 = \ldots\ldots$ $\qquad$ $32 - 5 = \ldots\ldots\ldots$

$12 \times 4 = \ldots\ldots\ldots$ $\qquad$ $908 + 5 = \ldots\ldots\ldots\ldots$

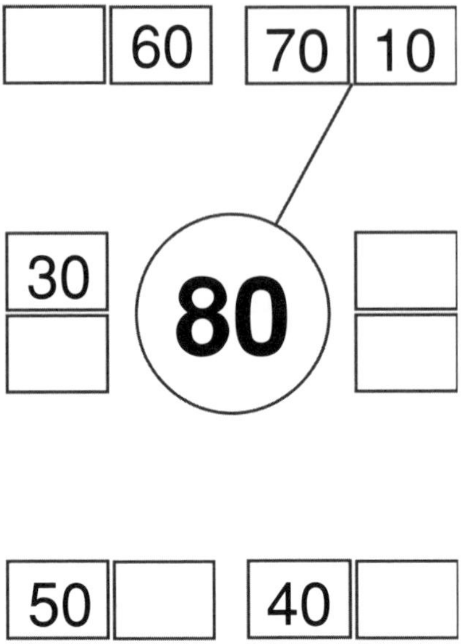

308 × 1	203 × 2	202 × 2
303 × 2	110 × 4	201 × 4
313 × 3	202 × 4	200 × 4

202 × 3	302 × 2	101 × 7	206 × 1	101 × 5
404 × 2	101 × 8	809 × 1	304 × 2	101 × 3
222 × 2	100 × 6	111 × 3	201 × 2	120 × 4

1 + 9 + 3 = ...

258 – 148 = ...

56 × 1 = ...

10 × 6 = ...

$$\begin{array}{r} 1\,0\,0 \\ \times 7 \\ \hline \end{array} \qquad \begin{array}{r} 1\,1\,1 \\ \times 5 \\ \hline \end{array} \qquad \begin{array}{r} 2\,1\,0 \\ \times 4 \\ \hline \end{array}$$

$$\begin{array}{r} 1\,0\,0 \\ \times 8 \\ \hline \end{array} \qquad \begin{array}{r} 1\,0\,1 \\ \times 6 \\ \hline \end{array} \qquad \begin{array}{r} 3\,0\,2 \\ \times 3 \\ \hline \end{array}$$

$$\begin{array}{r} 4\,3\,1 \\ \times 2 \\ \hline \end{array} \qquad \begin{array}{r} 1\,0\,4 \\ \times 2 \\ \hline \end{array} \qquad \begin{array}{r} 6\,0\,9 \\ \times 1 \\ \hline \end{array}$$

Colorea los repetidos.

76	67	97	27
72	57	91	48
97	42	57	24
32	48	86	76
97	71	57	17

$$\begin{array}{r} 8\,0\,8 \\ \times 1 \\ \hline \end{array} \qquad \begin{array}{r} 3\,0\,3 \\ \times 3 \\ \hline \end{array} \qquad \begin{array}{r} 7\,0\,9 \\ \times 1 \\ \hline \end{array} \qquad \begin{array}{r} 2\,1\,1 \\ \times 4 \\ \hline \end{array} \qquad \begin{array}{r} 1\,2\,3 \\ \times 2 \\ \hline \end{array}$$

$$\begin{array}{r} 5\,0\,5 \\ \times 1 \\ \hline \end{array} \qquad \begin{array}{r} 1\,0\,3 \\ \times 2 \\ \hline \end{array} \qquad \begin{array}{r} 6\,0\,8 \\ \times 1 \\ \hline \end{array} \qquad \begin{array}{r} 3\,1\,1 \\ \times 3 \\ \hline \end{array} \qquad \begin{array}{r} 2\,1\,2 \\ \times 4 \\ \hline \end{array}$$

$$\begin{array}{r} 1\,1\,0 \\ \times 9 \\ \hline \end{array} \qquad \begin{array}{r} 1\,1\,1 \\ \times 7 \\ \hline \end{array} \qquad \begin{array}{r} 1\,1\,0 \\ \times 6 \\ \hline \end{array} \qquad \begin{array}{r} 1\,0\,2 \\ \times 3 \\ \hline \end{array} \qquad \begin{array}{r} 3\,1\,2 \\ \times 2 \\ \hline \end{array}$$

$307 \times 1 =$ ....

$100 \times 9 =$ ....

$467 - 7 =$ ....

$9 + 876 + 1 =$ ....

$\begin{array}{r} 8 \\ \times 2 \\ \hline \end{array}$ $\begin{array}{r} 29 \\ \times 2 \\ \hline \end{array}$ $\begin{array}{r} 80 \\ \times 2 \\ \hline \end{array}$ $\begin{array}{r} 547 \\ \times 2 \\ \hline \end{array}$ $\begin{array}{r} 581 \\ \times 2 \\ \hline \end{array}$

$\begin{array}{r} 48 \\ \times 2 \\ \hline \end{array}$ $\begin{array}{r} 81 \\ \times 2 \\ \hline \end{array}$ $\begin{array}{r} 419 \\ \times 2 \\ \hline \end{array}$ $\begin{array}{r} 471 \\ \times 2 \\ \hline \end{array}$ $\begin{array}{r} 364 \\ \times 2 \\ \hline \end{array}$

$\begin{array}{r} 93 \\ \times 2 \\ \hline \end{array}$ $\begin{array}{r} 74 \\ \times 2 \\ \hline \end{array}$ $\begin{array}{r} 529 \\ \times 2 \\ \hline \end{array}$ $\begin{array}{r} 703 \\ \times 2 \\ \hline \end{array}$ $\begin{array}{r} 507 \\ \times 2 \\ \hline \end{array}$

$\begin{array}{r} 7 \\ \times 2 \\ \hline \end{array}$ $\begin{array}{r} 57 \\ \times 2 \\ \hline \end{array}$ $\begin{array}{r} 468 \\ \times 2 \\ \hline \end{array}$ $\begin{array}{r} 318 \\ \times 2 \\ \hline \end{array}$ $\begin{array}{r} 902 \\ \times 2 \\ \hline \end{array}$

$45 + 11 =$ ……. $2 + 2 + 2 =$ …..

$4 \times 2 =$ ….. $857 \times 1 =$ ………

Completa la última.

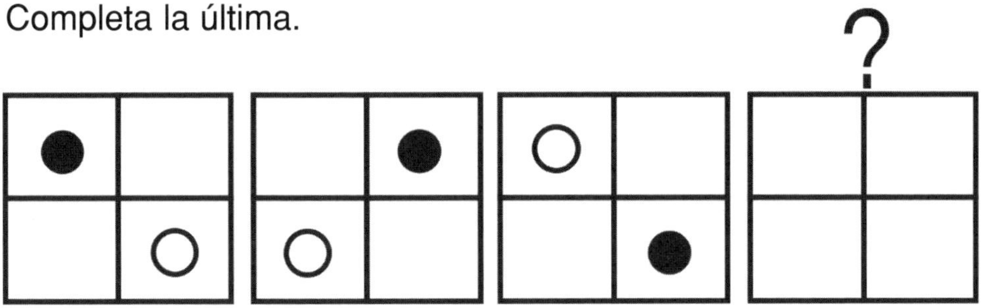

328×2	99×2	71×2	356×2	814×2
84×2	82×2	216×2	581×2	622×2
28×2	956×2	348×2	725×2	664×2
8×2	74×2	365×2	371×2	788×2

$42 \times 0 =$ .....

$87 - 9 =$ ....

$300 + 54 =$ ....

$132 \times 2 =$ ....

Tacha el que es distinto.

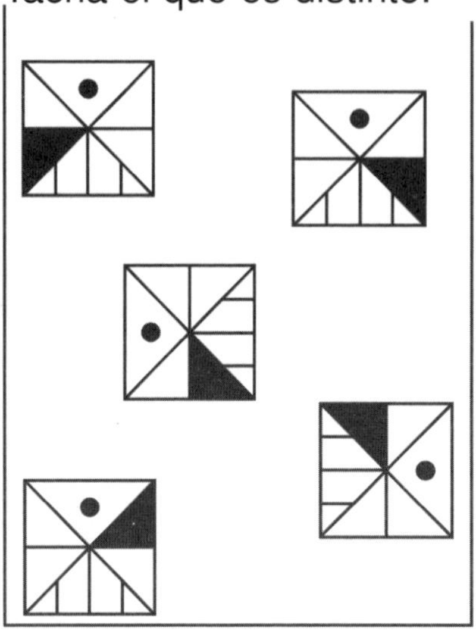

$\begin{array}{r} 8 \\ \times 3 \\ \hline \end{array}$ $\begin{array}{r} 419 \\ \times 3 \\ \hline \end{array}$ $\begin{array}{r} 715 \\ \times 3 \\ \hline \end{array}$

$\begin{array}{r} 48 \\ \times 3 \\ \hline \end{array}$ $\begin{array}{r} 397 \\ \times 3 \\ \hline \end{array}$ $\begin{array}{r} 403 \\ \times 3 \\ \hline \end{array}$

$\begin{array}{r} 9 \\ \times 3 \\ \hline \end{array}$ $\begin{array}{r} 237 \\ \times 3 \\ \hline \end{array}$ $\begin{array}{r} 358 \\ \times 3 \\ \hline \end{array}$

$\begin{array}{r} 89 \\ \times 3 \\ \hline \end{array}$ $\begin{array}{r} 281 \\ \times 3 \\ \hline \end{array}$ $\begin{array}{r} 91 \\ \times 3 \\ \hline \end{array}$ $\begin{array}{r} 724 \\ \times 3 \\ \hline \end{array}$ $\begin{array}{r} 548 \\ \times 3 \\ \hline \end{array}$

$\begin{array}{r} 67 \\ \times 3 \\ \hline \end{array}$ $\begin{array}{r} 284 \\ \times 3 \\ \hline \end{array}$ $\begin{array}{r} 81 \\ \times 3 \\ \hline \end{array}$ $\begin{array}{r} 317 \\ \times 3 \\ \hline \end{array}$ $\begin{array}{r} 925 \\ \times 3 \\ \hline \end{array}$

$\begin{array}{r} 45 \\ \times 3 \\ \hline \end{array}$ $\begin{array}{r} 728 \\ \times 3 \\ \hline \end{array}$ $\begin{array}{r} 652 \\ \times 3 \\ \hline \end{array}$ $\begin{array}{r} 903 \\ \times 3 \\ \hline \end{array}$ $\begin{array}{r} 855 \\ \times 3 \\ \hline \end{array}$

$34 + 8 =$ ....

$44 \times 2 =$ ....

$8 \times 3 =$ ....

$342 - 123 =$ ....

4×4	59×4	65×4
6×4	341×4	654×4
9×4	254×4	354×4

Rodea los que son iguales al modelo.

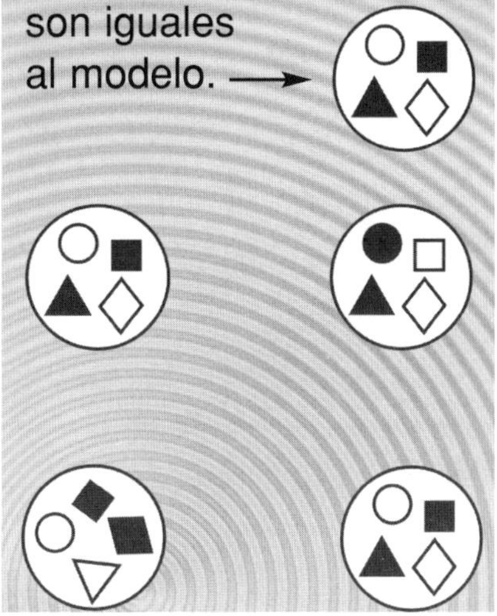

67×4	219×4	88×4	347×4	605×4
8×4	315×4	69×4	288×4	723×4
15×4	328×4	458×4	917×4	447×4

$609 \times 1 =$ ………

$780 \times 1 =$ ………

$2 + 4 + 11 =$ …….

$87 - 3 =$ …….

 ¿Qué número toca ahora?

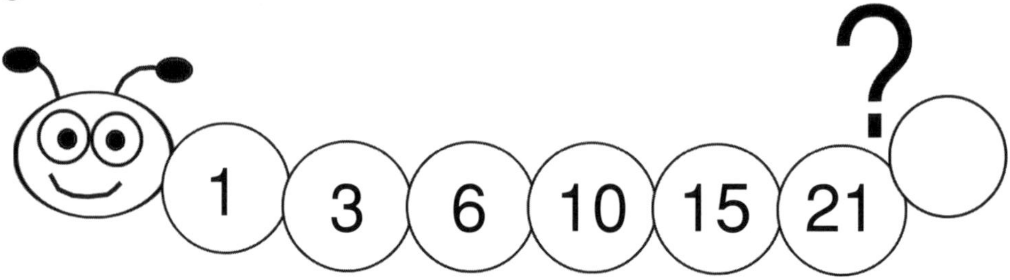

48×5	264×5	58×5	323×5	219×5
6×5	91×5	89×5	408×5	217×5
8×5	272×5	71×5	529×5	281×5
43×5	352×5	109×5	128×5	433×5

$777 \times 1 =$ ………

$44 \times 2 =$ …….

$100 - 65 =$ …….

$1 + 32 + 2 =$ …….

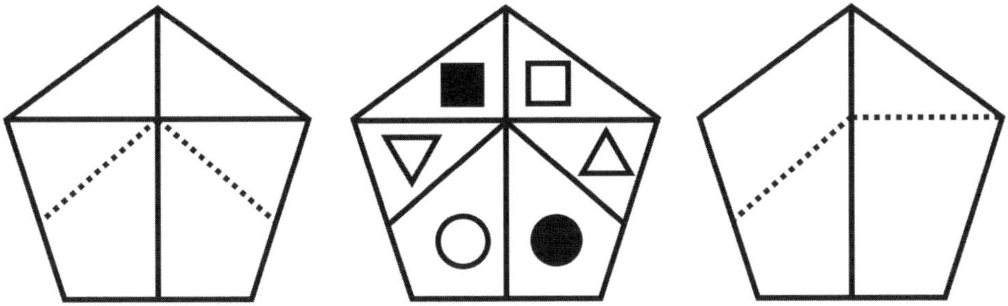

$\begin{array}{r} 8 \\ \times 6 \\ \hline \end{array}$	$\begin{array}{r} 31 \\ \times 6 \\ \hline \end{array}$	$\begin{array}{r} 69 \\ \times 6 \\ \hline \end{array}$	$\begin{array}{r} 322 \\ \times 6 \\ \hline \end{array}$	$\begin{array}{r} 241 \\ \times 6 \\ \hline \end{array}$
$\begin{array}{r} 65 \\ \times 6 \\ \hline \end{array}$	$\begin{array}{r} 51 \\ \times 6 \\ \hline \end{array}$	$\begin{array}{r} 272 \\ \times 6 \\ \hline \end{array}$	$\begin{array}{r} 603 \\ \times 6 \\ \hline \end{array}$	$\begin{array}{r} 218 \\ \times 6 \\ \hline \end{array}$
$\begin{array}{r} 33 \\ \times 6 \\ \hline \end{array}$	$\begin{array}{r} 605 \\ \times 6 \\ \hline \end{array}$	$\begin{array}{r} 389 \\ \times 6 \\ \hline \end{array}$	$\begin{array}{r} 530 \\ \times 6 \\ \hline \end{array}$	$\begin{array}{r} 640 \\ \times 6 \\ \hline \end{array}$
$\begin{array}{r} 9 \\ \times 6 \\ \hline \end{array}$	$\begin{array}{r} 83 \\ \times 6 \\ \hline \end{array}$	$\begin{array}{r} 266 \\ \times 6 \\ \hline \end{array}$	$\begin{array}{r} 725 \\ \times 6 \\ \hline \end{array}$	$\begin{array}{r} 216 \\ \times 6 \\ \hline \end{array}$

$269 - 9 =$ ……… $89 + 0 =$ …….

$12 \times 4 =$ ……. $5 \times 1 =$ …..

Rodea los que tienen este tamaño. →

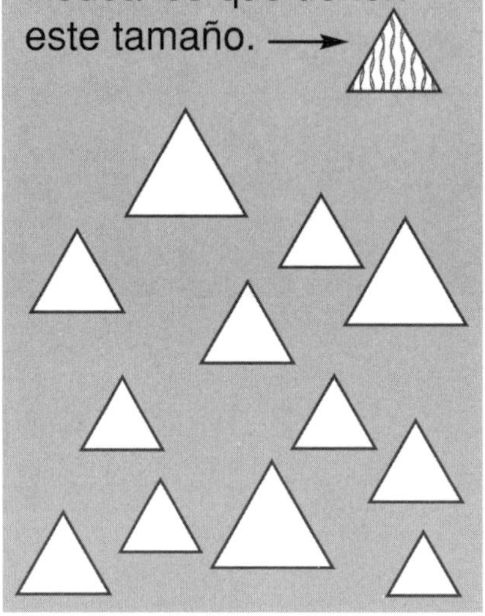

4×7	94×7	321×7
3×7	71×7	207×7
8×7	48×7	305×7

81×7	38×7	251×7	343×7	229×7
82×7	232×7	217×7	720×7	241×7
93×7	109×7	704×7	835×7	108×7

$800 + 98 =$ ....

$987 - 4 =$ ....

$40 \times 5 =$ ....

$432 \times 2 =$ ....

8×8

79×8

83×8

9×8

123×8

57×8

4×8

201×8

41×8

71×8

218×8

231×8

546×8

228×8

49×8

325×8

234×8

654×8

325×8

103×8

346×8

824×8

667×8

868×8

$22 \times 6 =$ ....

$3 + 65 + 2 =$ ....

$33 \times 5 =$ ....

$21 \times 7 =$ ....

6×9	78×9	88×9	135×9	216×9
3×9	41×9	58×9	708×9	437×0
9×9	135×9	428×9	323×9	654×0
7×9	77×9	82×9	458×9	299×0

$8 \times 5 =$ ....

$974 - 73 =$ ....

$13 + 2 + 1 =$ ....

$20 \times 5 =$ ....

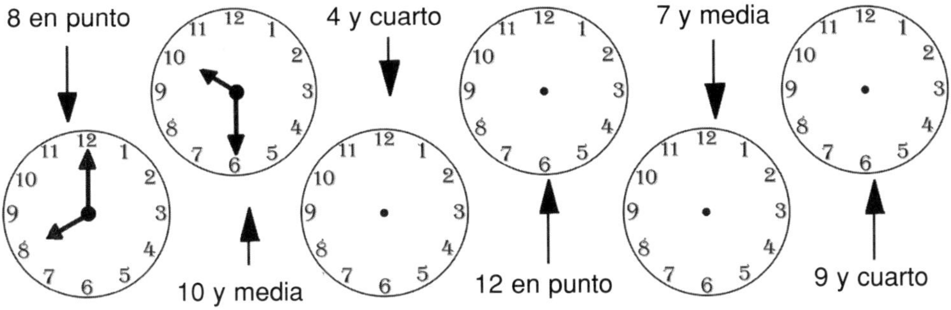

6×4	125×1	401×2	307×6	83×5
105×5	708×6	429×4	708×6	135×9
39×3	201×4	153×8	651×7	96×5
66×6	542×1	321×3	468×5	210×4

$15 + 15 =$ ....

$325 - 25 =$ ....

$6 \times 6 =$ ....

$90 \times 2 =$ ....

Tacha una letra y tendrás el nombre de una ciudad.

D Z O J A A A B

B						

21×2 =

34×3 =

78×5 =

45×4 =

56×5 =

125×4 =

67×6 =

78×7 =

108×7 =

654×1 =

235×3 =

83×8 =

125×9 =

135×8 =

55×9 =

308×4 =

589×6 =

99×9 =

987×8 =

633×6 =

92×8 =

123×2 =

356×4 =

88×8 =

489×8 =

627×7 =

89×9 =

$3 \times 7 =$ ....

$12 + 12 + 1 =$ ....

$1\,000 - 999 =$ .....

$80 \times 2 =$ ....

12×2	135×4	19×9
33×3	625×6	45×5
56×6	108×7	85×4

Añade 4 barras a estas 6 y tendrás 1.

631×1	246×2	317×4	294×3	344×8
254×4	645×7	553×2	854×8	495×8
954×1	625×3	634×7	234×3	321×2

$7 + 7 + 7 + 7 =$ ....

$12\,546 - 546 =$ ....

$13 \times 3 =$ ....

$52 \times 2 =$ ....

22 Cambia el orden de las letras.

A B C	**B A C**	**C A B**
A C	**B**	**C**

$\begin{array}{r} 2 \\ \times 2 \\ \hline \end{array}$ $\quad$ $\begin{array}{r} 4 \\ \times 3 \\ \hline \end{array}$ $\quad$ $\begin{array}{r} 135 \\ \times 8 \\ \hline \end{array}$ $\quad$ $\begin{array}{r} 3 \\ \times 9 \\ \hline \end{array}$ $\quad$ $\begin{array}{r} 12 \\ \times 5 \\ \hline \end{array}$

$\begin{array}{r} 23 \\ \times 5 \\ \hline \end{array}$ $\quad$ $\begin{array}{r} 77 \\ \times 7 \\ \hline \end{array}$ $\quad$ $\begin{array}{r} 324 \\ \times 4 \\ \hline \end{array}$ $\quad$ $\begin{array}{r} 98 \\ \times 6 \\ \hline \end{array}$ $\quad$ $\begin{array}{r} 88 \\ \times 9 \\ \hline \end{array}$

$\begin{array}{r} 254 \\ \times 4 \\ \hline \end{array}$ $\quad$ $\begin{array}{r} 635 \\ \times 6 \\ \hline \end{array}$ $\quad$ $\begin{array}{r} 323 \\ \times 6 \\ \hline \end{array}$ $\quad$ $\begin{array}{r} 655 \\ \times 7 \\ \hline \end{array}$ $\quad$ $\begin{array}{r} 888 \\ \times 8 \\ \hline \end{array}$

$\begin{array}{r} 999 \\ \times 1 \\ \hline \end{array}$ $\quad$ $\begin{array}{r} 245 \\ \times 4 \\ \hline \end{array}$ $\quad$ $\begin{array}{r} 689 \\ \times 6 \\ \hline \end{array}$ $\quad$ $\begin{array}{r} 350 \\ \times 2 \\ \hline \end{array}$ $\quad$ $\begin{array}{r} 198 \\ \times 3 \\ \hline \end{array}$

$10 \times 9 =$ …….

$32 + 1\,000 =$ ………..

$512 - 512 =$ …..

$50 \times 2 =$ ………

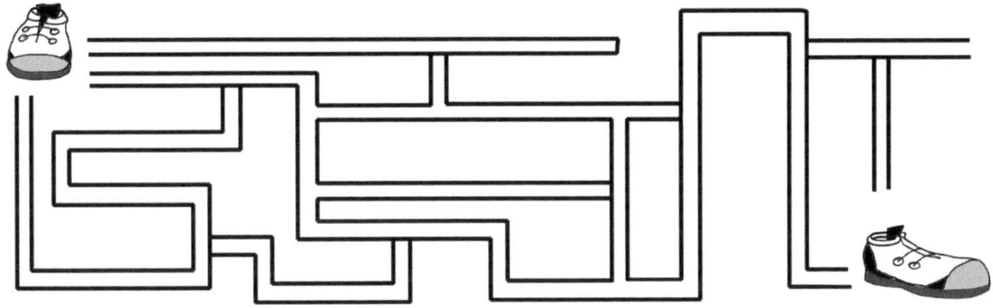

54 × 4	35 × 7	165 × 6	87 × 3	47 × 9
198 × 8	135 × 5	428 × 6	954 × 1	342 × 2
363 × 8	558 × 6	777 × 7	333 × 4	988 × 2
725 × 6	154 × 4	666 × 6	239 × 2	165 × 6

$9 \times 3 =$ ....

$62 +$ .... $= 100$

$250 - 41 =$ ....

$22 \times 9 =$ ....

En la realización de este cuaderno han intervenido:

Contenido: Dionisio Escobar, Esther Mayoral, Andrea Pastor y Francisco Ruiz

Coordinación editorial: Mercedes García-Prieto

Edición: César de la Prida

Diseño de cubierta e interiores: Miguel Ángel Pacheco y Javier Serrano

Tratamiento infográfico del diseño: Tae Mori y Alejandra Navarro

Ilustraciones: Diego Serván y Coral Garrido

Equipo técnico: María Teresa de la Fuente y María Pascual

ISBN: 978-84-667-1521-8 - Depósito Legal: NA-840-2011.

ET003850/1E16I - 1110777